MW01707679

Ma vie d'artiste

Illustration de couverture
François Roca

Marie Desplechin

Ma vie d'artiste

BAYARD JEUNESSE

© Bayard Éditions Jeunesse, 2003
3, rue Bayard, 75008 Paris
ISBN : 2-7470-0860-6
Dépôt légal : avril 2003

Loi 49 956 du 16 juillet 1949 sur les publications destinées à la jeunesse
Reproduction, même partielle, interdite

DANGER
LE PHOTOCOPILLAGE TUE LE LIVRE

Tous droits réservés. La loi du 11 mars 1957 interdit les copies ou reproductions destinées à une utilisation collective. Toute représentation ou reproduction intégrale ou partielle faite par quelque procédé que ce soit sans le consentement de l'auteur et de l'éditeur est illicite et constitue une contrefaçon sanctionnée par les articles 425 et suivants du Code pénal.

Chapitre 1

Il ne fermait jamais sa porte, il suffisait de la pousser pour entrer dans l'atelier. La plupart du temps, il faisait celui qui ne me voyait pas. Mais peut-être ne me voyait-il pas. Je murmurais un petit bonjour, je m'asseyais par terre. Adossée au mur de béton, je le regardais travailler. Parfois aussi je lisais. Je mangeais des barres chocolatées. Je rêvassais, je me racontais des histoires dont j'étais l'héroïne incomprise ; à

la fin je triomphais, et tout le monde tombait follement amoureux de moi.
D'une façon ou d'une autre, le soir arrivait, je sentais la paralysie gagner mes jambes, je m'endormais un peu. Il était temps de partir. Alors je me levais et j'allais vers la porte.
– Tiens, tu es là, toi ? disait-il comme s'il venait de s'apercevoir de ma présence. Tu aurais pu me prévenir. Tu ne me dis jamais rien.
Je ne répondais pas, je souriais. Il ne me retenait pas. Il allumait la lumière et continuait à travailler.
– Ferme la porte derrière toi.
Je traversais la cour, je revenais chez moi. J'attendais ma mère. Quand elle rentrait, je faisais mine d'étudier. Je ne tenais pas à ce qu'elle sache où j'avais passé ma soirée. Chez le peintre.
Au départ, je ne voulais pas déménager. Je ne voulais pas quitter mes amies, me retrouver

seule dans un collège où je ne connaîtrais personne. J'avais mis des années à m'habituer à mon quartier, à me construire des amitiés. Les abandonner, c'était m'asphyxier.

– Ne sois pas ridicule, répétait ma mère. Tu n'es ni la première, ni la dernière. Des nouvelles, il y en a dans toutes les classes, à tous les débuts d'année. Elles finissent toujours par s'intégrer.

– Comment tu le sais ? Tu déménageais, toi, quand tu étais jeune ?

– Arrête de dramatiser, les gens déménagent tout le temps.

– Qu'est-ce que j'en ai à faire que les gens déménagent ? Ils sont grands, les gens, ils ont choisi. Déménager, quand on est vieux, c'est facile, ça ne change rien. Mais pour un jeune, ça chamboule tout. C'est une catastrophe, tu comprends ? Une catastrophe.

Je criais, je pleurais, je tapais du poing sur les murs, et ma mère sortait de la pièce.

– Je reviendrai quand tu seras calmée, lançait-elle.

Je ne me calmais pas, elle revenait quand même, la dispute reprenait. Nous avons fini par déménager.

Nous habitons au premier étage.

Les fenêtres de la salle de séjour donnent sur une cour pavée, assez vaste pour que le soleil arrive jusqu'à nous. Deux arbres font la gloire de cette cour, des appartements qui la bordent et de leurs locataires. Ma mère peut passer des heures, accoudée à sa jardinière, un sourire diffus aux lèvres, les yeux dans les arbres. Un seul arbre lui fait la nature entière. Elle n'en veut pas plus. Elle contemple.

Je suis moins sensible qu'elle au charme des arbres, sans doute parce que je suis moins vieille. Il faut être un vieux ou un enfant pour aimer la verdure, les promenades à la campagne, les feuilles sur les pavés. Pourtant j'aime cette cour moi aussi, mais je l'aime pour des motifs humains. Je l'aime à cause de ses habitants, les travailleurs du rez-de-chaussée : un vieux monsieur qui répare des chaises ; un médecin qui fume une cigarette sur le pas de sa porte, entre deux clients, et nous regarde passer avec un sourire coupable ; un peintre qui vit dans son atelier, sort rarement et se couche tard. Ses hautes fenêtres restent allumées quand toutes les autres sont éteintes. On dirait que quelqu'un veille sur l'immeuble, la nuit.

Nous étions arrivées depuis une semaine, nos affaires traînaient toujours dans des cartons et je n'avais pas encore remis la main sur mes vêtements de rentrée quand nous avons été invitées, ma mère et moi, aux ateliers ouverts du quartier. Une fois par an, les artistes du coin participent à une journée «Portes ouvertes». Ils organisent de petites expositions chez eux, ils présentent leur travail, il suffit de passer pour voir. Tout ça gratuitement.

Le mauvais côté de l'affaire, c'est qu'il faut admirer, s'extasier, improviser des commentaires flatteurs pour l'artiste qui fait le pied de grue à côté de ses trucs, l'air d'avoir l'esprit ailleurs, mais toutes oreilles déployées. Ma mère m'attrape par la manche et me souffle discrètement :

– Sois polie, bon sang, même si tu n'aimes pas. Et arrête avec les sucreries, tu me fais honte.

Parce que le bon côté, c'est que les artistes se sentent obligés de préparer des assiettes de bonbons et de petits gâteaux pour leurs visiteurs. Parfois, il y a aussi de la limonade. Toutes ces attentions peuvent donner un très

bon samedi, voire – pour les amateurs – un dimanche correct (même si l'offre en bonbons a baissé).
J'aurais adoré faire la tournée avec une copine, juste avant la rentrée. Nous nous serions raconté nos souvenirs de vacances, nous aurions pris des résolutions pour l'année à venir, nous aurions ricané de tout ce que nous voyions. Si j'avais eu une copine, évidemment. Parce que là, je venais d'arriver, je ne connaissais personne et j'étais seule comme une rate. Seule avec ma mère. Doublement seule, en fait.

Nous nous sommes mises en route après le déjeuner, nous sommes entrées dans une quantité de cours, nous avons poussé la porte d'innombrables ateliers, nous avons regardé une quantité de tableaux, de dessins et d'objets, et même des vidéo.

À force de voir, je ne voyais plus rien.
– Hmmmm, répétait ma mère, cette hypocrite, très, très, très intéressant...
Moi, je ne disais plus rien depuis longtemps, j'en avais marre, tout se ressemblait, il y en avait trop, j'avais mal aux jambes. Quand est-ce qu'on rentre, maman ?
Quand est-ce qu'on rentre ?
Le soir tombait, et j'avais alternativement envie de mourir et de tuer ma mère quand elle a jeté l'éponge.
– On rentre, a-t-elle annoncé.
– Super, ai-je soupiré car je croyais naïvement en avoir terminé avec l'art pour la journée.
J'étais une baleine épuisée, et je ne souhaitais rien d'autre que m'échouer sur mon lit. Mais non. Ce n'était pas fini. Il en restait un. L'atelier de notre cour. Notre atelier.
– S'il fallait n'en voir qu'un seul, a remarqué ma mère, ce serait celui-là.

J'allais lui répondre vertement, j'allais l'envoyer achever ses politesses toute seule, si elle y tenait tant, quand mon pied a glissé sur les pavés inégaux. J'ai senti ma cheville se tordre, cruellement, et la fine douleur m'a coupé le sifflet. Si j'ouvrais la bouche, j'allais me mettre à pleurer. Alors j'ai préféré ne rien dire et suivre en boitillant. Je souffrais, mais, dans ma peine, j'avais une consolation : cet atelier était le dernier, dans quelques minutes je serais chez moi.

– Oh, a fait ma mère en franchissant la porte de l'atelier.

– Oh, ai-je dit à sa suite.

Une dizaine de personnes se tenaient au centre de la grande pièce, elles péroraient, un verre à la main, une cigarette dans l'autre. La fumée âcre brûlait les yeux. Les personnes étaient jeunes, elles parlaient fort, elles s'amusaient, j'aurais aimé appartenir à leur

groupe. Ou, plus exactement, j'aurais aimé avoir leur âge, discuter avec mes amis, tenir un verre à la main, parler de choses intéressantes et rigoler, entre nous, un samedi au bord du soir.
Le voisin s'est avancé vers nous, il était grand, maigre avec un beau visage carré et d'épais cheveux châtains. Il avait le sourire embarrassé et un peu inquiet. Il semblait se demander ce que nous fichions chez lui, à cette heure, une dame d'âge mûr flanquée d'une gamine livide.
Maman a tendu vers lui un bras martial, puis lui a longuement secoué la main, comme si elle entendait lui arracher le bras. Quand elle a enfin admis que l'épaule ne céderait pas, elle a lâché brutalement la main et elle a déclaré :
– Nous sommes vos voisines, escalier B, premier étage.

Il n'a pas répondu, se contentant de nous regarder avec des yeux étonnés. J'ai eu très chaud, soudain. La chaleur est montée par mes pieds, très vite elle a atteint ma tête, ma peau est devenue fragile et brûlante. C'était la honte qui me saisissait, la honte qui veut nous consumer, pour nous dissimuler au regard du monde.

– Alors, comme ça, vous êtes peintre..., a repris maman.

Et à ce moment-là, je me suis évanouie. La faute à qui, allez savoir, à la honte, à la cheville, à la fatigue ou à la fumée. En tout cas, j'ai bel et bien perdu connaissance, avec grâce et simplicité, comme on perd sa montre ou ses papiers, je me suis perdue, je suis tombée à terre, c'était très réussi.

Tout le monde a éteint sa cigarette et quelqu'un a glissé une chaise en osier sous mon corps évanoui. Pendant ce temps ma mère nouait connaissance avec le peintre et, quand j'ai ouvert les yeux, j'ai vu leurs deux visages penchés sur le mien.

– Comment ça va ? a demandé ma mère.

– J'ai chaud. Et j'ai mal au pied, j'ai trébuché tout à l'heure dans la cour, je crois que je me suis foulé la cheville.

– La cheville, a relevé le peintre. Attends voir. Il s'est levé et il s'est mis à chercher partout chez lui. Il est monté sur la mezzanine en bois blanc qui lui sert de chambre, il est descendu dans la minuscule salle de bains, il a retourné sa cuisine étroite. Il a remué les toiles appuyées contre le mur. Il a fini par trouver. Quand il est revenu vers nous, il brandissait d'une main un chiffon noirâtre et de l'autre un tube de pommade éventré.

– Je m'en occupe, a-t-il dit à ma mère. Et ne bouge pas, toi, a-t-il lancé à mon endroit sur le ton de la menace.

Je n'avais pas l'intention de bouger. Je me demandais juste s'il savait que son chiffon était sale. Il n'y prêtait sans doute aucun intérêt. Il était de ces gens qui n'accordent pas d'importance à ce qui n'en mérite pas.
Et voilà comment, un soir d'automne, dans son atelier, un jeune peintre inconnu de moi m'a bandé le pied avec un vieux maillot crasseux, tandis que mon auguste mère, pétrifiée, ouvrait des yeux désolés sur les œuvres pendues aux murs blancs.

– Eh bien, a constaté ma mère au bout d'un moment, ce n'est pas gai.
– Oh, a répondu le peintre, il ne faut pas exagérer, ce n'est qu'une cheville enflée.
– Vous avez une manière, a continué ma mère, terriblement personnelle.
– Pas vraiment, a fait le peintre, j'ai suivi des cours de secourisme chez les pompiers, nous étions quinze.

– Ce sera sans doute que vous avez été traumatisé par des événements violents, soliloquait ma mère.
– Oh non, heureusement, poursuivait le peintre, nous nous exercions sur des mannequins, pas sur de vrais blessés.
– Je ne sais pas si nous allons rester très longtemps, je suis inquiète pour ma fille, elle est si sensible.
– Elle ne risque rien, j'ai serré le pansement. Le pied est bien protégé, il devrait avoir dégonflé demain. Sinon il faudra appeler le médecin.
– Le médecin, a répété ma mère. Pourquoi ?
– Mais pour le pied, bien sûr.
– Quel pied ? Ah oui ! Son pied ! Je vous parlais de votre œuvre, moi.
– Ah, a fait le peintre, un peu désappointé. Je croyais que vous parliez de mon pansement. Et qu'est-ce qu'elle a, mon œuvre ?

– Hmmmm, a hésité ma mère. Elle est très intéressante...
Elle s'est retournée vers moi, m'a saisi le bras et m'a entraînée vers la porte.
– Merci pour votre accueil, a-t-elle lancé avec précipitation. Et bravo pour cette belle exposition. Au revoir, monsieur ! À bientôt ! Dans la cour !
– Oui, a dit le peintre. C'est ça, au revoir. Vous pouvez m'appeler Pierre.
Il nous a tourné le dos, il est retourné à ses amis, qui nous avaient déjà oubliées et sortaient derechef cigarettes et briquets.

– Qu'est-ce qui se passe ? ai-je demandé comme nous traversions la cour à grands pas, méprisant mon pied emmailloté. Il n'y a pas le feu, pourquoi on s'enfuit ?
– Ce sont ces horreurs accrochées aux murs, a répondu ma mère. Je ne tenais pas à ce que tu t'évanouisses une seconde fois.

Je restai silencieuse. Parce que les horreurs, je les avais vues : des corps allongés, le visage sévère et les yeux clos. Rien de très joyeux, rien non plus de si terrifiant. Des images curieuses, plutôt. Colorées aussi. Bizarres, si vous voulez. Mais horribles, non, vraiment. Je me suis brusquement sentie coupable. Pourquoi n'étais-je pas scandalisée ? Est-ce que je manquais de sensibilité ? Est-ce que je n'avais pas d'âme ?

Nous sommes remontées chez nous. J'ai regardé les tableaux accrochés aux murs de l'appartement. Des taches de couleur joliment disposées, des silhouettes gracieuses sur des fonds pluvieux, des reproductions de bandes dessinées des années cinquante, tout cela me semblait bien ordinaire, d'un coup, confortable et ennuyeux.

– Non, ce ne sont pas des toiles, même si ça y ressemble, expliquait ma mère au téléphone.

Ce sont de grands bas-reliefs en cire. Ah oui, la technique est très réussie, le problème n'est pas là. Ce qui ne va pas, mon vieux, ce sont les sujets. Des cadavres. Ce type ne peint que des morts. Qu'est-ce que tu penses de ça ? Il faut avoir un grain. En tout cas, pour le seul atelier de notre cour, je ne te cache pas que j'étais déçue. Et embarrassée. Que veux-tu que je lui dise, à ce jeune homme ? J'ai bien essayé de lui faire comprendre que j'avais l'esprit large, que je ne lui reprochais rien, mais je crois que j'ai été nulle...
Je ne sais pas à qui ma mère parlait, mais elle y mettait tout son cœur. Je crois qu'elle aurait aimé avoir dans sa cour un peintre qui lui peigne des choses à son goût. Un artiste domestique. Ce n'était pas le cas. D'une certaine manière, elle s'estimait trahie. Il n'y avait pas de pardon possible. Elle enrageait. C'était dommage. Parce que je les trouvais

intéressants, ce peintre et ses tableaux. Je les trouvais aimables. Moi qui n'avais plus tellement de gens à aimer, dans la vie, désormais.

Chapitre 2

Nous nous dirigions tous les deux vers le local poubelles, un sac de plastique bleu à la main, et je boitillais vaillamment.

– Alors, ce pied ?

– Encore un peu douloureux.

Je mentais. Mon pied était malheureusement parfaitement guéri, ma cheville, qui avait un peu enflé, n'avait pas insisté plus de quelques

heures, elle avait complètement dégonflé. Mais il me semblait de bon ton de me plaindre encore un peu, pour faire honneur au secouriste, pour ne pas démériter de son pansement.
– Passe à l'atelier, je te donnerai le tube de pommade, a-t-il proposé tandis que nous balancions nos sacs dans le conteneur.
– Je n'ai pas le temps, je pars au collège.
– Viens quand tu veux, je suis chez moi toute la journée.
– Ce soir après les cours ?
– Quand tu veux, je te dis.
– Alors, à ce soir, ai-je lancé.
J'ai claudiqué jusqu'au porche, puis couru au collège, heureuse d'avoir un projet, un objectif possible dans cet océan maussade qu'était devenue ma vie.
Les cours avaient repris, et j'avais découvert mon nouvel établissement. Sans surprise, à mon court regret. Les bâtiments étaient vieux et moches, les élèves semblaient follement

heureux de se retrouver, les pions apostrophaient les plus célèbres d'entre eux d'un bout à l'autre de la cour. Au milieu de l'effervescence générale, quelques individus désolés baladaient dans les couloirs leur démarche lente, leurs yeux pleins d'ennui. C'était le groupe des nouveaux. Mon groupe. Les anciens nous croisaient sans nous voir, ils auraient pu passer à travers nos corps transparents, nous existions si peu.

– Tu vas bien finir par lier connaissance, m'assurait ma mère.

– Bien sûr, ce n'est qu'une question de volonté, grommelais-je avec une ironie terrible, mais en pure perte car ma mère ne percevait pas l'ironie, à aucun degré.

C'était un sens qui lui faisait totalement défaut.

Mais je ne tenais pas tant, au fond, à me lier avec l'un ou l'autre de ces merveilleux adolescents si bien intégrés dans leur collège. J'ignorais leurs visages et j'ignorais leurs noms. Je n'étais pas une mendiante. Je préférais m'arranger avec ma solitude.

Je n'ai pas pris la peine, ce soir-là, de repasser par l'appartement pour y déposer mes affaires. J'ai frappé à la porte de l'atelier, le sac au dos. À l'intérieur régnait une chaleur humide et parfumée.

Pierre travaillait debout, penché sur une longue table à tréteaux. À côté de lui, sur un petit réchaud, une pâte épaisse cuisait dans une casserole à demi brûlée. De temps en temps, une grosse bulle venait éclater à la surface avec un bruit de ballon qui crève.

– Installe-toi, a-t-il dit, je ne peux pas m'interrompre, la cire est à la bonne température. J'irai te chercher la pommade tout à l'heure.

J'ai regardé autour de moi. Je n'ai trouvé

aucun endroit où me poser. Partout, des vêtements, des livres, de la vaisselle, des photos, des chaussures, une valise ouverte, des croquis, des esquisses, une chaussette, des pinceaux, une brosse à dents, des paquets de cigarettes vides, des tubes de médicaments, des journaux... Alors, je suis restée debout, derrière lui, à admirer la progression lente de son travail. Il faisait couler la cire en longs filets translucides dans un coffrage en bois. Ensuite, avec une attention d'avare, il intégrait les pigments avec une fine spatule, et la cire prenait des nuances fruitées qui voisinaient sagement sans se mélanger. J'aurais été bien incapable de dire ce que figurerait le tableau, une fois achevé. Je ne distinguais encore que les couleurs fraîches et vives posées sur le bois.

– On ne voit pas le sujet, a remarqué Pierre sans lever les yeux. Il faut attendre que tout soit terminé pour le voir apparaître.

– Qu'est-ce que c'est ?
– Un corps.
– Ah, ai-je dit, j'avais raison, tu dessines des corps. C'est bien ce que j'avais vu.
– Tu n'en étais pas sûre ?
– Moi si. Mais c'est ma mère. Elle pense que tu peins des morts.
– C'est ça, des corps morts. Des gisants.
J'étais embarrassée, à mon tour. Je ne savais plus quoi dire, peut-être parce que nous parlions de corps morts. J'aurais apprécié qu'il peigne des moineaux sous la neige, ou des champs de tulipes, il aurait été tellement plus simple de lui faire la conversation. Je suis restée coite un bon moment, fixant la cire, laissant les couleurs fondre dans ma rétine. Passèrent de longues et douloureuses minutes avant que je ne retrouve ce que je voulais dire :
– Ce n'est pas triste.

Pierre a quitté son travail des yeux et m'a regardée avec une sorte de sympathie.

– Non, ce n'est pas triste. La tristesse ne m'intéresse plus. Je cherche au-delà, je cherche alentour. Je cherche ce que nous voyons de la mort quand nous n'avons plus les yeux pleins de larmes. C'est ce qui m'occupe en ce moment.

J'ai pensé aux cours d'orientation dont nous étions affligés le lundi de huit à neuf, et aux projets professionnels que nous étions supposés élaborer. Tout le monde voulait devenir vétérinaire, top-model ou « ne sais pas ». « Et informaticien, vous y avez pensé, à informaticien ? » suggérait la prof avec un bon sourire gourmand. Personne n'aurait songé à peintre. Et pourtant.

– Tu as un drôle de métier, ai-je remarqué.

– Je ne fais pas que ça, a dit Pierre. Je suis prof, je donne des cours de dessin aux ateliers

de la Ville. Tiens, j'ai fini... Ne bouge pas, je vais te chercher la pommade.
– Bon, je m'en vais, merci, ai-je murmuré, le tube de pommade centenaire à la main.
Je ne devais pas avoir l'air triomphant d'une fille qui rêve de rentrer chez elle, pour attendre seule dans un appartement vide que sa mère revienne du bureau, entre dix-neuf et vingt heures. Je devais même avoir l'air hésitant et égaré. Parce que Pierre m'a proposé :
– Tu peux rester ici, ça ne me dérange pas. Tant que tu restes tranquille, bien sûr. Prends mon bureau si tu veux étudier. Tu n'as qu'à pousser ce qui traîne dessus.
Je ne me suis pas fait prier. Je suis restée. Mais je n'ai pas débarrassé le bureau, il était trop encombré. Je me suis assise par terre, contre un mur. J'ai ouvert mon sac et sorti mes cours. Pierre n'a plus rien dit, et j'ai observé son silence. Il était sept heures quand j'ai rangé mon sac et que je me suis levée.

– Salut, a dit Pierre sans lever la tête. Tu reviens quand ça te chante.
– Demain ?
– Demain, par exemple.

Ce soir-là, maman est rentrée à sept heures et demie.
– Ta journée s'est bien passée ?
J'étais dans ma chambre, je n'ai pas répondu. Depuis un certain temps déjà, j'avais décidé de ne plus répondre aux questions inutiles. Mon mutisme valait approbation. C'est en tout cas ce que ma mère avait compris. Pourquoi la détromper ?
– Rien de spécial à raconter ?
J'aurais pu, cette fois encore, ne pas répondre. J'ai préféré mentir :
– Non.
J'ai passé sous silence ma soirée chez Pierre, notre conversation et ce que je savais de son travail. J'ai tu tout l'agrément que j'avais

trouvé à travailler, assise par terre tandis qu'il coulait de la cire en silence. Je ne me sentais pas d'humeur à affronter les trop prévisibles sermons maternels.
Et puis je n'avais pas envie de partager. D'une certaine manière, maintenant que j'avais poussé seule la porte de l'atelier, Pierre était à moi. Il faisait partie de ma vie, il était mon secret.

J'ai mesuré combien j'avais eu raison de me taire un peu plus tard dans la soirée, quand papa a téléphoné pour préparer les vacances d'hiver. Les partages de vacances font l'objet de longues palabres entre mes deux parents, destinées à fixer les conditions de mon transport. Prendrai-je le train, l'avion ou la planche à roulettes ? Descendrai-je à Orange, Avignon ou même Marseille, et qui viendra m'attendre à l'arrivée ? Partirai-je pour quatre, six ou dix jours ? Depuis que papa a quitté le Nord pour le Sud et la ville pour la campagne, nos vacances sont aussi difficiles à organiser qu'une expédition dans l'Himalaya (l'Himalaya en moins). Elles exigent de fréquentes mises au point, des envois croisés de billets, d'interminables remboursements, et de nombreux, très nombreux coups de téléphone. L'occasion pour ces deux bavards de se raconter leur vie par le menu. On se demande pourquoi ils ont divorcé, quelle mouche les a piqués. Si on me le demandait, je dirais que c'est du caprice.

– Je regrette presque de l'avoir emmenée, disait maman, tu sais comme elle est impressionnable. D'ailleurs, elle a eu un petit étourdissement, pas étonnant, j'étais moi-même très mal à l'aise. Tu aurais vu ce désordre, rien à voir avec l'idée que l'on se fait d'un atelier d'artiste, on se serait cru dans le garage d'un ferrailleur. Sans compter qu'il vit là-dedans, tu imagines l'endroit. Moi qui espérais nouer des relations intéressantes, j'en suis pour mes frais. Bien sûr que je vais garder mes distances, tu peux compter sur moi, je ne me laisse pas bluffer par de la provocation. Oui, Anne va bien, oui, elle aime beaucoup son nouveau collège, non, elle ne devrait pas mettre longtemps à se reconstituer une bande d'amis, tu sais comme elle est populaire, etc. etc.

Plus je l'écoutais, plus je me félicitais de ma discrétion. À quoi bon appeler les ennuis ces rares fois où ils semblent décidés à passer au large ? Et puis je trouvais à dissimuler une jubilation diabolique. Comme il serait doux de creuser, entre ma mère et moi, au beau milieu de notre vie de couple, un territoire qui m'appartiendrait, dont elle ne saurait rien, et où elle ne risquerait pas de venir mener l'enquête.

Voilà comment, clandestinement, et jusqu'à la fin du mois d'octobre, j'ai passé la plupart de mes soirées dans l'atelier de Pierre. Il arrivait que je dépose mon sac à l'appartement, en toute hâte, avant de redescendre. J'appelais ma mère à son bureau, en passant, j'imitais celle qui s'apprête à goûter seule devant la télé. Non contente de mentir, je rusais. Ces arrangements me semblèrent vite tout naturels, le train-train en quelque sorte, comme on s'habitue vite à la trahison. Si l'on m'avait surprise, j'aurais cherché en vain ce que j'avais fait de mal. Après tout, je menais ma vie, j'en avais l'âge. Où était la faute ?

Soir après soir, j'ai vu le travail de Pierre avancer, j'ai vu les corps sortir de la cire, je me suis attachée à leurs yeux fermés, à leurs joues creuses, à leurs traits émaciés et paisibles.

À l'occasion, j'ai donné mon avis, quand Pierre me le demandait, sur le choix d'une couleur. J'ai vu apparaître, punaisées au mur de l'appartement, des photos de tombes, de croix, d'allées fleuries. Pierre voulait peindre des cimetières, bientôt, quand il en aurait fini avec la série des gisants. Il se préparait, il prenait des photos, il les étudiait.

– Ma mère ne sait pas que je viens chez toi après les cours, ai-je avoué un soir.

– Pourquoi le lui cacher ? a-t-il demandé, sans reproche mais avec curiosité.

J'ai hésité, je ne voulais pas lui dire qu'elle se défiait de lui. Je craignais de le peiner, de le vexer, de perdre ma place contre le mur. Alors, j'ai résumé :

– Parce que ça ne la regarde pas.

– Justement, tu peux le lui dire sans risque, puisque ça ne la regarde pas.

– Tu ne me comprends pas, ai-je soupiré. Tu es trop vieux.

Il a souri :
– C'est marrant, tu parles comme un bébé. Et tu as raison. Au moins, je ne risque pas d'oublier mon âge. À propos, je prépare une exposition début décembre dans une galerie. Veux-tu que j'invite ta mère au vernissage ?
– J'aime autant pas.
– Comme tu le sens, c'est ta mère après tout. Et tais-toi maintenant, il faut que je travaille. Tu m'empêches de me concentrer.
Quand je suis partie, ce soir-là, il m'a arrêtée.
– Toi, en tout cas, je t'invite. Débrouille-toi pour venir, ça me fera plaisir.
– Pas de problème, je vais m'arranger, ai-je répondu négligemment.
Mais en refermant la porte derrière moi, je sentais mon cœur battre si fort que j'ai cru qu'il allait me sortir par les yeux. Qu'est-ce que c'était qu'un vernissage ? Fallait-il s'habiller d'une manière spéciale ? Sortir le soir ? Qu'est-ce que j'allais pouvoir inventer

comme prétexte ? Et qu'est-ce qui poussait un type comme Pierre à m'inviter, moi le bébé géant ? La gentillesse peut-être. L'affection sans doute. L'affection, quelle drôle d'idée.

Chapitre 3

– On ne parle jamais, a lancé ma mère un samedi, alors que nous mangions une pizza, assises face à face à la table de la cuisine.

Elle me regardait fixement, la tête penchée sur le côté dans l'intention évidente de m'amadouer. Fidèle à ma tactique, je n'ai pas répondu. J'ai baissé les yeux.

– Tu vas bien ? Bien bien ?

Elle semblait cette fois attendre une réponse articulée. Il devenait difficile de laisser en suspens une question qui risquait de grossir, de s'alourdir et de me tomber sur la tête.

– Très bien, lui ai-je donc assuré en coupant ma pizza avec une joyeuse énergie. Pas de problème.

– Tu as des amis ? a-t-elle insisté.

Visiblement, elle ne me croyait pas. Elle avait quelque chose derrière la tête. Il fallait la rassurer, et d'urgence.

– Ne t'inquiète pas, ai-je répondu. Il faut toujours un peu de temps pour lier des connaissances.

– Certainement, a admis maman. Mais il y aura bientôt deux mois que tu es rentrée, et tu n'as toujours amené personne à l'appartement.

– Ça viendra.

J'ai imaginé la tête qu'elle ferait, au retour du bureau, en trouvant Pierre assis dans son canapé, une tasse de thé à la main, en grande conversation avec sa fille.

– Pourquoi tu souris ?

– Pour rien.

– Oh, a dit maman, je sais que je rentre bien tard le soir, et je me fais du souci de te savoir seule. Tu ne t'es pas mise à fumer ?

J'ai ouvert des yeux ronds, larges comme des pizzas :

– Non. Pourquoi ?

– Comme ça. Quand je t'embrasse, j'ai l'impression que tu sens le tabac.

On a beau se méfier, ce sont les détails qui nous perdent. Pierre fumait, et depuis qu'il faisait froid il fermait soigneusement porte et fenêtres. Si je ne percevais plus l'odeur du tabac, mes vêtements, eux, devaient en être imprégnés. Une fois de plus, je n'avais pas le choix, il fallait que je mente. Effrontément.

– Il y a des fumeurs dans la classe, ai-je

prétendu. On discute ensemble à la sortie des cours, c'est peut-être ça.
– J'aimerais autant que tes nouveaux amis ne fument pas, a remarqué maman.
Elle avait l'air à la fois désapprobateur (des adolescents fumeurs, quel dommage) et soulagé (grâce à Dieu, pas ma fille).
– Je ne te demande pas de confidence, a-t-elle repris, mais tu sais que tu peux tout me dire. Tu le sais, n'est-ce pas ?
– Oui, maman, ai-je approuvé, opinant bravement du chef et pensant très fort : « Non, maman, non, évidemment. »

La fin du mois d'octobre approchait, je faisais provision d'ennui et de bons résultats scolaires, Pierre travaillait d'arrache-pied, et il était chaque jour un peu plus nerveux. Il avait accroché aux murs de son atelier, les uns à côté des autres, tous les bas-reliefs terminés.

Souvent il s'interrompait en plein travail et les regardait longuement. Cette contemplation le rendait, selon les jours, euphorique ou désespéré.

– Pas mal, vraiment pas mal, murmurait-il les jours euphoriques.

Il ne disait rien les jours désespérés, il avait de brusques quintes de toux. J'étais pour ma part plutôt fière. Nous comptions déjà une dizaine de tableaux, de tailles très différentes, et dont les formats et les couleurs rassemblés donnaient une sensation de paix et d'espace.

– Ça te plaît ? demandait Pierre en tournant dans son atelier comme un animal furieux dans une cage trop étroite.

– Beaucoup, disais-je avec sincérité.

– Pourquoi ? faisait Pierre brusquement.

– Parce que c'est calme. J'ai l'impression d'être dans un cimetière à la campagne, à l'abri d'une église. Ou dans une basilique,

seule dans la crypte. Ou même à Pompéi, si tu vois ce que je veux dire.
– Très bien, maugréait Pierre, très bien. Et silence, espèce de bavarde. Je travaille, moi.

– Vernissage dans trois semaines, a-t-il dit un soir.
– Vernissage ?
– Inauguration, si tu préfères. Ouverture de l'exposition. Invitation des amis et apéro. Il va falloir commencer à s'affoler.
– Pourquoi ?
– Mais parce qu'il y a une quantité de choses à prévoir, Mademoiselle Je-me-tourne-les-pouces-assise-sur-mes-fesses. Imprimer un catalogue, préparer les invitations, les mettre sous enveloppes et les envoyer, accrocher les tableaux dans la galerie...
Là-dessus, il s'est remis à tousser.
– Et si tu arrêtais de fumer? ai-je suggéré négligemment.

J'en avais assez de me changer tous les soirs pour éviter à ma mère des soupçons injustifiés. Il m'a regardée avec des yeux horrifiés.
– Veux-tu te mêler de tes affaires ! Et tiens, puisque tu es si maligne, lis-moi ce papier. C'est le texte de présentation. Dis-moi si tu y vois des fautes d'orthographe. Et si tu y comprends quelque chose. Si toi, tu comprends, c'est que je me suis correctement expliqué, pour une fois.
Il est allé prendre sur son bureau une feuille de papier couverte d'une petite écriture irrégulière, et il me l'a tendue.
– Trop d'honneur, ai-je dit en prenant la feuille.
– Ah oui ? a-t-il répondu avec une moue dubitative.
– C'est une blague, ai-je précisé.
J'avais beau l'aimer beaucoup, je dois reconnaître qu'il n'était pas très sensible à

mon ironie mordante, pas plus que ma mère, ce qui n'en manquait pas, d'ironie.
– Lis ça tranquillement, insolente. Et pardonne mon sérieux. Tout le monde ne peut pas passer sa vie à lancer des blagues.
« Au lendemain de la mort de ma mère, disait le texte, j'ai vu, pour la première et dernière fois de ma vie, assis sur un coin de mon lit, mon père pleurer. Le jour de l'enterrement, j'aurais pu l'accompagner au cimetière. J'aurais pu entendre la terre tambouriner sur le cercueil. J'aurais pu mélanger ma peine à d'autres peines et m'éloigner de la tombe en pleurant, moi aussi, soutenu par l'assemblée endeuillée. Mais non. Le jeune veuf décida, après la messe de funérailles, que je resterais à la maison afin de veiller sur mes frères. On vint nous rechercher, après le cimetière, pour aller déjeuner dans une brasserie, près d'une bretelle d'autoroute. De là, la famille se

sépara. Je me souviens de mon attente, et des pensées qui m'occupèrent durant ce temps interminable de l'enterrement. Car ce moment n'a jamais pris fin. C'est là que je peins, toujours, au fond de ce trou creusé dans mon enfance, plongé dans le gouffre infini des pensées qui furent alors les miennes. »

– Alors ? a demandé Pierre lorsque j'ai levé les yeux.

– C'est bon, ai-je murmuré, il n'y a pas de faute.

– Et, à part les fautes, qu'est-ce que tu en penses ?

– Je ne sais pas... Je ne pensais pas qu'on peignait pour ça, à cause de ça...

– Mais enfin, pourquoi crois-tu qu'on se donne la peine de peindre ? Pour s'amuser ? Pour faire joli ?

Pierre me regardait avec dureté, comme s'il attendait une réponse, comme si j'étais tenue

de lui dire la vérité. J'ai senti les larmes me venir aux yeux.
– Hé, ai-je soufflé, ne sois pas fâché ou je vais me mettre à pleurer.
Toute la sévérité a quitté le visage de Pierre. Il a souri, il a haussé des sourcils moqueurs.
– Ouh là, ne le prends pas au tragique, c'est juste un texte de présentation. En tout cas, on dirait que tu l'as compris.
– Ça oui, c'est assez clair. Tu avais quel âge quand ta mère est morte ?
– Ton âge, ma belle. Et ne prends pas cette mine effondrée ou je te donne une claque. On parle de peinture, tous les deux, comme des grands. Pas d'autre chose, ne t'avise pas de confondre.
Je détestais son ton solennel, je détestais qu'il me prenne de haut. Il méritait une leçon. J'ai attrapé mon sac et mon manteau et je me suis prosternée à ses pieds.

– Oui, Monsieur le Grand Peintre, ai-je chantonné, agenouillée, le front au sol. Bien sûr, Monsieur le Grand Peintre. Pardon, Monsieur le Grand Peintre. Au revoir, Monsieur le...

Il avait attrapé sa spatule sur la table et me frappait le crâne en riant.

– Fiche-moi le camp, sale gosse, fiche-moi le camp avant que j'aille te balancer à ta mère !

– Qu'est-ce que tu as à me regarder comme ça ?

Enfoncée dans le canapé, je me répétais combien je l'aimais d'être là, telle qu'elle était, ni meilleure ni pire, telle qu'en elle-même, ma mère. Ce soir-là, parce que j'avais appris qu'on pouvait la perdre, je la vénérais. Tant et si bien qu'à la fixer avec des yeux adorants je ravivais ses inquiétudes.

– Il y a quelque chose qui cloche ?

Elle était fatiguée, elle avait la voix exaspérée. J'ai senti mon enthousiasme se recroqueviller.

– Non, je réfléchissais.
– Tu ferais mieux d'aller finir tes devoirs, au lieu de rêvasser devant la télé. Tu te couches à des heures impossibles, tu n'arrives pas à te lever le matin, et tu traînes un teint d'endive toute la semaine, c'est désespérant.
Je me suis levée dare-dare, maudissant mes élans sentimentaux. Le quotidien des vivants était décidément bien contrariant, il finissait toujours par avoir raison de la vénération, de l'adoration, de l'amour absolu. Ma mère ne serait jamais que ma mère, voilà encore une vérité qui ne souffrait pas la confusion.
Dans ma chambre, allongée, j'ai longtemps pensé à Pierre. J'ai pensé à son regard moqueur, à ses yeux que fripait le sourire, à l'adolescent orphelin interdit d'enterrement, au peintre attentif penché sur la cire. J'ai glissé dans le sommeil accrochée à son image. J'ai dû rêver de lui.

Au matin, je ne me souvenais pas de mes rêves. Eux, en revanche, ne voulaient pas me lâcher. Ils encombraient mon esprit d'un brouillard trouble.
La journée fut mélancolique et comme possédée de sommeil. Indifférente aux cours, je laissais défiler les heures, les pensées vagues et les images agréables. Pierre mélangeant les couleurs, Pierre me tendant son texte, Pierre me menaçant en riant, une spatule à la main. Enfermée en moi-même, je n'ai songé qu'à lui. Du coup, à la sortie des cours, pour la première fois, je n'ai pas eu envie d'aller pousser la porte de l'atelier. Je me sentais timide, timide et faible.
Je suis revenue chez moi. J'ai déposé mon sac par terre, je me suis effondrée sur le canapé, devant l'écran noir de la télé, les bras derrière la nuque. Je n'ai pas dormi, j'ai essayé de ne penser à rien, j'ai attendu que le jour

s'assombrisse, que la pénombre s'installe. J'ai senti grandir en moi les bras tentaculaires de la solitude.
J'étais parvenue à atteindre le sentiment presque parfait de l'abandon quand la sonnerie du téléphone a retenti. J'ai bondi de mon canapé et je me suis jetée sur l'appareil.
– Qu'est-ce qui se passe ? a demandé Pierre. Tu boudes ?
Incapable de répondre, je suis restée muette, dans l'appartement obscur, le combiné à la main. Paralysée par l'émotion, je me sentais aussi étrangement prise en faute.
– Tu es malade ?
– Non.
– Tu regrettes d'avoir lu le texte de présentation ? Tu penses que je n'aurais pas dû te le montrer ?
Je me suis mise à bredouiller :
– Oh non, pas du tout. Je veux dire, au contraire, j'étais très contente de le lire, ce

n'est pas ça. C'est plutôt que je me sentais fatiguée aujourd'hui, je voulais me reposer un peu, excuse-moi...

– Ne t'excuse pas, je me suis inquiété bêtement. Mais je t'attendais. J'aurais bien aimé commencer à préparer le vernissage. J'avais même prévu de faire un thé. Tant pis, ce sera pour une autre fois.

– Attends, ai-je dit, soudain revenue à moi-même. Tu as encore le temps ?

– Oui.

– J'arrive. Et comment tu t'es débrouillé pour trouver mon numéro de téléphone ?

– Dans l'annuaire, nouillette.

Il me téléphonait, il voulait me voir, il m'attendait. J'étais si émue que j'avais du mal à respirer. J'ai pris mon sac au vol, j'ai claqué la porte, et j'ai dévalé l'escalier. Mon système nerveux frôlait l'explosion.

Chapitre 4

À bout de souffle, j'ai poussé la porte. Et d'abord je n'ai vu qu'elle. Une fille très grande, très mince, et même pas très jolie. Le bras de Pierre était posé sur son épaule, avec l'abandon d'une guirlande qui épouse une branche du sapin.

– Zélie, ma fiancée, a-t-il fait avec un sourire bonhomme.

J'ai compris qu'il me la présentait, comme si

les choses n'étaient pas assez claires, comme si j'étais devenue aveugle.
– Anne, ma voisine, a-t-il continué en me désignant vaguement de la main.
– Enchantée, a répondu la fiancée géante.
« Enchantée. » Comme cette fille était banale. N'importe qui pouvait dire « enchantée ». Moi aussi, j'aurais pu si j'avais voulu, mais je ne voulais pas. J'aurais préféré : « Furieuse. »
Mais je l'ai bouclée. Je suis restée là, à les dévisager, stupéfaite. Le sourire de Zélie s'est élargi. J'ai souhaité qu'il ne cesse jamais de s'ouvrir, qu'il s'écarte encore et encore et qu'il lui détache la mâchoire. Mais non, il s'est arrêté à l'extrême limite des pommettes. Il s'agissait juste d'un très beau et particulièrement grand sourire.
– C'est gentil d'être venue, a remarqué Pierre. J'espère que tu ne couves rien, il paraît que la grippe est arrivée.

Il s'intéressait à moi, il s'inquiétait de ma santé, il me parlait avec gentillesse. Qu'est-ce que j'avais espéré d'autre ? J'aurais dû me douter qu'il n'était pas seul dans la vie. Il avait beau être vieux, il n'était pas repoussant. Et même s'il n'avait pas énormément de conversation, il pouvait avancer d'autres qualités. Il était intéressant, particulier, original, talentueux, courageux, attachant, sympathique. Touchant. Adorable. Misère.

Alors, j'ai fait contre mauvaise fortune bon cœur. J'ai souri à mon tour en gage de conciliation, tirant de toutes mes forces sur les commissures de mes lèvres pour qu'elles atteignent mes oreilles.

– Enchantée moi aussi, ai-je enfin murmuré, consciente de mon courage et de ma magnanimité.

Tandis que je livrais bataille contre moi-même et alors que je remportais ma victoire,

Pierre s'était retourné. Il regardait autour de lui, il inspectait l'atelier, comme s'il cherchait un objet égaré.

– Et ce n'est pas fini... Caché dans un coin, il devrait y avoir Neville. Où es-tu, Neville ? Neville ?

J'ai vu un type s'extraire du fond de l'atelier en repoussant devant lui des châssis. Pas un géant cette fois, pas l'homme qui rit. Un garçon doté d'un âge banal (mon âge), d'une taille banale (ma taille), d'un visage banal (mais plutôt beau, dans le genre méfiant). Pierre comptait donc une personne normale parmi ses connaissances. Quelle surprise. Et quel soulagement.

– Anne, je te présente mon neveu, a dit Pierre. Il me file toujours un petit coup de main pour les vernissages, c'est une tradition familiale.

– C'est ça, oui, a acquiescé Neville, une arnaque familiale.

Il s'est avancé vers moi, a penché le haut du corps en avant. Indiscutablement, ce garçon voulait me faire la bise. La bise. À moi. Un type que je ne connaissais ni d'Ève ni d'Adam.
– Parfaitement enchantée, ai-je hurlé en reculant subitement.
Et je lui ai tendu la main, balançant entre nous toute la longueur de mon bras.
Au terme de ces glorieuses présentations, je suppose que je devais avoir l'air d'une folle caractérielle. Mais personne ne semblait l'avoir seulement remarqué. C'est que je n'étais sans doute pas la plus folle du lot.
– Asseyez-vous, a ordonné Pierre en éventrant sur son bureau un sachet de chouquettes rassies. Quelqu'un veut du thé ?
Un fond d'eau chuchotait dans la bouilloire posée en équilibre instable sur le réchaud. Les chouquettes cabossées roulaient sur le bureau. Zélie nous a distribué des verres et des sachets de thé.

– Personne ne veut de sucre, j'espère ? a demandé Pierre.
– Si, moi, deux sucres, merci, a répondu Neville.
– Eh bien, c'est dommage, parce que je n'en ai plus, a fait Pierre. Au travail, mon gars.

Assis autour du bureau, tenant du bout des doigts un verre brun et brûlant, nous nous y sommes mis. Comme à l'école nous avons sorti crayons et papiers, comme à l'école nous avons posé des questions et noté des consignes. Nous nous sommes montrés studieux et attentifs.
Et pourtant, chaque minute qui passait avait le goût exaltant de la nouveauté. Rien à voir avec la classe. Pour la première fois de ma vie, je travaillais pour de vrai. Je veux dire que je ne m'appliquais pas pour des notes, qui ne sont que des signes enfermés dans un

bulletin et sans conséquence sur le monde. Je préparais une exposition réelle, qui se tiendrait dans une galerie réelle et attirerait tout un tas de gens vivants. Je défendais le travail de Pierre. De moi, de nous, dépendrait la réussite ou l'échec de son entreprise. L'idée était tellement excitante qu'elle me serrait la gorge. J'ai jeté un coup d'œil à mes collègues. Ils essayaient de boire leur thé sans s'ébouillanter. Ils n'avaient pas l'air aussi émus que moi. Ils étaient sans doute habitués.

– Le texte est bien, a dit Zélie. Mais il est trop long. Il faut couper quelques lignes. Regardez.

Maquettiste dans un journal de mode, Zélie avait préparé un petit dépliant qui présentait le travail de Pierre. On y voyait les photos de son travail et, sur la page centrale, on lisait son texte en transparence.

– Tu ne peux pas mettre des caractères plus petits ? a grommelé Pierre.
– Non, a répondu Zélie sans ciller, je ne peux pas.
– Dans ce cas, a obtempéré Pierre, puisqu'on ne peut même pas négocier, je vais couper...
Il avait l'air contrarié, et obéissant. Je la regardais d'un œil nouveau, cette fiancée péremptoire. Elle ne se laissait pas marcher sur les pieds. Elle décidait avec élégance. Elle avait le charme des personnes sûres d'elles.
– Qu'en pensez-vous ? nous a demandé Zélie en se tournant vers Neville et moi.
– Pas mal, a reconnu Neville et il a hoché la tête en signe d'approbation.
Je l'ai imité. C'est que je n'avais pas tellement d'avis, je trouvais tout cela très bien, le dépliant, les photos, le texte.
– Attends un peu, a dit Pierre, si je peux placer un mot, j'aurais quelques observations...

C'était son exposition, après tout, et il avait sans doute l'habitude de critiquer. Il s'est lancé dans l'examen minutieux des points de détail, de la taille des photos à la couleur du papier. Zélie l'écoutait avec une patience angélique, et sans céder d'un pouce.

– Je ne veux pas t'interrompre, l'a soudain interrompu Neville, mais je ne vais pas passer toute ma soirée ici. Maintenant qu'on a vu le projet, est-ce que tu peux nous dire ce que nous allons avoir à faire, Anne et moi ?

– Oui, a répondu Zélie. La même chose que d'habitude. Vous vous chargez des photocopies, de la mise sous enveloppes, et de l'envoi des invitations. Je déposerai demain matin chez Pierre l'original de l'invitation, les enveloppes et les timbres. Vous n'aurez qu'à passer les prendre.

– Pour les photocopies, on va chez Copyshop ? a demandé Neville.

– Oui, Pierre te laissera de l'argent. Et pour les adresses, tu n'as qu'à reprendre la liste de la dernière fois. Tu l'as gardée ?
– Bien sûr, il faut juste que je la retrouve.
– Et si j'osais, a ajouté Pierre, je vous demanderais de nous donner un petit coup de main le soir du vernissage. Ce serait tellement gentil.
– C'est bon, je tiendrai le bar, si c'est ce que tu veux dire.
Neville s'est levé et il a mis son manteau. J'ai jeté un coup d'œil à ma montre. Sept heures et demie. Avec un peu de malchance, maman serait déjà rentrée. Il était plus que temps de prendre congé.
– Je pars aussi, ai-je dit.
– Attends, a lancé Neville. Donne-moi ton numéro de téléphone. Il va falloir que l'on s'appelle pour aller faire les photocopies et envoyer les invit.
Accroupis, nous avons rouvert nos sacs, ressorti nos crayons et échangé nos numéros.

J'ai fourré le papier dans ma trousse. Et je suis partie en courant, en emportant, plié dans mon sac, le sentiment de mon importance.

– D'où tu viens ?
Elle m'attendait, debout à côté du téléphone, et elle n'était pas très contente.
– Il y a une heure que je t'attends. J'étais morte d'inquiétude. J'ai failli appeler la police. J'ai même téléphoné à ton père...
Je suis d'abord restée interdite, laissant dévaler sur moi l'avalanche des reproches.
– Mais d'habitude tu ne rentres pas avant sept heures...
Je n'ai pas trouvé mieux, en guise d'excuses, que cette absurde contre-attaque. C'était idiot. Ma pauvre mère est sortie de ses gonds.
– Comment ça, d'habitude ? Pour une fois que je reviens tôt ! Je fais des pieds et des mains pour quitter le travail à une heure raisonnable, je cours, je me dépêche, et tout ce que je

trouve à mon retour, c'est un appartement désert, et pas même un mot de ma fille pour m'avertir de l'endroit où elle a décidé de traîner... On peut savoir ce que tu fabriques entre la sortie des cours et la nuit noire ?

– Euh...

– Comment ça, « euh » ?

– Euh, j'étais chez un ami.

– Chez un ami ?

À la seconde, le visage de ma mère s'est apaisé. Je serais curieuse de savoir ce qu'elle craignait. Car l'annonce que sa fille chérie avait passé la soirée avec un garçon inconnu semblait suffire à la rassurer complètement. Voire même à la combler d'aise.

– Et comment s'appelle-t-il, cet ami ?

– Neville.

– Eh bien soit, Neville. Ce n'est pas mal, Neville. Et que font ses parents ?

– Comment veux-tu que je le sache ? Je ne le

lui ai pas demandé. On ne se connaît pas encore assez.

– Alors, c'est tout nouveau, cette histoire, a-t-elle commenté en se frottant les mains.

– Exactement, tout nouveau de ce soir, ai-je confirmé, soulagée de m'en sortir aussi facilement et consternée de deviner ce qui lui plaisait tant dans mes aveux.

Sous ses airs d'indécrottable optimiste, elle n'était pas si sereine. Elle avait compris à quel point j'étais seule, et elle s'inquiétait, en bonne mère qu'elle était, pour sa petite fille, autrefois si populaire. Je crois même qu'elle se sentait coupable de m'avoir déracinée, nonobstant mes plaintes. Que je me sois enfin trouvé un ami la consolait.

J'ai craint un instant qu'elle ne veuille s'informer un peu plus amplement sur ce nouvel ami tombé du ciel. Où l'avais-je trouvé ? Comment nous étions-nous rencontrés ? Étions-nous dans la même classe ?

Et quels étaient ses résultats ? La perspective de monter de toutes pièces un mensonge détaillé me décourageait. J'étais fatiguée. Et je n'en avais pas envie.

Mais la seule question qu'elle trouva à me poser a été :

– Il ne fume pas, j'espère ?

J'ai pu répondre, en paix avec ma conscience :

– Non.

Là s'est arrêté l'interrogatoire parce que le téléphone a sonné et que maman a couru pour décrocher. J'étais sauvée. Bavarde comme elle l'était, nous en avions pour un moment. J'ai donc ramassé mon sac et je me dirigeais vers ma chambre quand elle est revenue, comme une bombe, l'œil brillant.

– C'est pour toi !

– Quoi ?

Qui pouvait m'appeler ? Je ne connaissais personne. Personne n'avait mon numéro.

À moins que... Pierre ! Cet imbécile de Pierre ! J'ai senti mes jambes faiblir. Mais ma mère s'est gentiment penchée vers moi et elle a chuchoté :

– C'est Neville. Il veut te parler.

Chapitre 5

Le problème, c'étaient les cheveux. Je n'étais pas du tout certaine que j'aurais meilleure mine en les lavant. Je risquais même, en les séchant, de gâcher leur allure à peu près banale. Je me retrouverais avec une tignasse propre mais électrique, ce qui me donnerait une tête de Méduse branchée sur 5 000 volts. Navrant. J'ai renoncé aux cheveux. Je suis passée aux vêtements, j'ai retourné mon armoire. L'équation avait le mérite d'être simple. Et insoluble. Soit je m'habillais comme d'habitude, et j'avais l'air d'une pauvre fille mal fagotée ; soit je faisais des efforts, et je devenais une pauvre fille endimanchée. Choisis, ma fille. Choisis et pleure.

Je me suis assise à mon bureau, exaspérée. J'avais envisagé toutes les possibilités, et je devais me résoudre à ce constat lamentable : j'avais des cheveux nuls, des vêtements nuls, un vernis à ongles nul, une ombre à paupières marécageuse et un gloss vulgaire. Mon cas était désespéré.

Et c'est dans cet équipage que je prétendais me lancer dans la plus grande aventure qui me soit arrivée depuis des mois, depuis des années, depuis le début de ma médiocre existence : accompagner au Copyshop un garçon que j'avais rencontré la veille.

J'ai laissé le découragement m'envahir tandis que le temps défilait inéluctablement à mon réveil. Il serait bientôt cinq heures, l'heure de me rendre chez Pierre, au rendez-vous que Neville m'avait donné la veille au soir, par téléphone.
Pierre. Je l'avais presque oublié, celui-là. J'avais pourtant passé des dizaines d'heures dans son atelier, j'avais rêvé de lui toute une nuit, j'avais tremblé au téléphone, j'avais été jalouse de sa Zélie. Et voilà qu'à présent, de toutes ces émotions, il ne me restait rien, rien qu'une pensée distante et amicale pour ce vieil oncle tourmenté dont j'allais retrouver le jeune neveu.

Arrivée devant l'atelier, j'en étais à me demander pour quelle étrange raison j'avais caché ces visites à ma mère. Elle qui semblait si contente que j'aie des amis. Elle aurait sans

doute compris que je fasse mon travail en compagnie, le soir. Pourquoi donc avait-il fallu que je fasse tant de mystère ? Je m'interrogeais en poussant la porte de l'atelier quand, accroché sur le mur en face de moi, pris dans la cire bleutée, un gisant immense m'a sauté aux yeux. J'ai recouvré d'un coup la mémoire. Ah oui, les morts.
Les morts. Et alors, les morts ? Où était le problème ? Les gens représentent ce qu'ils peuvent. S'il avait peint des filles toutes nues, j'aurais compris qu'elle s'offusque, mais là, de pauvres morts qui ne font de mal à personne...
Je n'ai pas réfléchi plus longtemps. Neville ne m'en a pas laissé le temps. Il m'a prise par le bras et m'a déposé sur la joue un petit baiser de bienvenue, naturel et soyeux, un de ces petits baisers que l'on échange sans y penser quand on se connaît depuis toujours.

– Bonsoir.
– Bonsoir, ai-je répondu en me sentant rougir de la pointe de mes cheveux pas lavés à celle de mes chaussures pas cirées.
– Pierre n'est pas là, il a laissé l'argent sur la table. Tu veux venir au Copyshop avec moi ou tu préfères commencer à copier les adresses ?
– Je ne sais pas, ai-je bredouillé. Comme tu veux.
– Alors, viens avec moi, ce sera plus marrant de rester à deux.
C'est là, assis côte à côte sur un banc, attendant patiemment que le patron achève les soixante-dix photocopies de l'invitation, que nous avons parlé. J'avais presque oublié, et je redécouvrais avec délices comme il est aisé de devenir amis.
D'abord, on échange des informations personnelles (En quelle classe es-tu ? En troisième ? Dans quel collège ? À Prévert ? Je ne te crois

pas, moi aussi ! etc.). Ensuite, on troque des impressions (Il est drôlement sympa, ton oncle. Ça doit être bien d'habiter sur une cour, etc.). Et puis on s'informe, dans le désordre, sur sa famille, ses autres amis, ses goûts et ses préférences. Moi, j'ai surtout parlé de ma mère et de notre déménagement. Lui, il a plutôt parlé des films qu'il allait voir en sortant du collège.

– Tu n'as qu'à venir avec moi. Ce sera plus rigolo que de passer tes soirées chez Pierre. Il est sympa comme type, mais il est fatigant, à la longue, non ?

Fatigant, c'était le mot. Je me suis mise à rire. Il a ri aussi. Le rire s'est transformé en fou rire. Nous devions avoir l'air de deux dingues à nous tordre sur notre banc. Mais, cette fois, c'était le rire qui me faisait venir les larmes aux yeux. Le rire et l'impression étrange et joyeuse du reniement.

De retour chez Pierre, nous nous sommes partagé la liste d'adresses. J'ai commencé par le début et Neville par la fin. Nous avancions rapidement, piochant dans notre tas d'enveloppes. Pierre n'avait pas pensé, en partant, à mettre le chauffage. Il faisait si froid que nous avions préféré garder nos manteaux. Si j'en avais eu, j'aurais aussi porté un bonnet et des gants.

– Et, comme ça, tu n'as rien dit à ta mère ?

– Non, je me suis toujours débrouillée pour revenir avant elle à l'appartement. Elle ne s'est doutée de rien. Jusqu'à hier soir.

– Et maintenant ?

– Pas de problème. Elle est tellement contente que j'aie un ami de mon âge qu'elle ne me fera pas d'histoires.

– Non, je veux dire : et maintenant, qu'est-ce que tu vas lui dire pour le vernissage ?

– Oh, je ne sais pas, je n'y ai pas encore réfléchi, ai-je répondu en frottant mon nez gelé.

J'ai pensé à ma mère, à sa gentillesse la veille au soir, au soin qu'elle prenait de moi et au souci que je lui causais. Je me suis aussi rappelé à quel point elle pouvait être exaspérante, avec ses enthousiasmes forcés et ses opinions catégoriques. J'aurais tellement aimé n'avoir jamais menti. Il aurait été si facile de l'inviter.

– J'en ai marre des bobards, ai-je dit. Je préfère ne rien avouer du tout. Je n'irai pas au vernissage, tant pis.

– Pierre ne sera pas très content.

– Pierre aura autre chose à penser, il s'en remettra.

Neville a haussé les épaules :

– Moi non plus, je ne serai pas très content. On prépare tout à deux, tu seras la seule personne de mon âge à cette expo, on vient de faire connaissance, et pour finir tu ne viens pas. C'est idiot.

– Oui, mais c'est comme ça.

Nous avons terminé de préparer nos enveloppes dans un silence givré. Neville semblait considérer qu'il n'avait plus rien à me dire. Je n'osais plus ouvrir la bouche, furieuse contre moi-même, écartelée entre deux lamentables perspectives : blesser ma mère ou peiner mes amis.

Neville a collé le dernier timbre sur la dernière enveloppe et il a soufflé sur ses doigts.

– Qu'est-ce que tu fais demain ?

– Rien de spécial. Le samedi, je fais des courses avec ma mère, je termine mes devoirs, je traîne à la maison.

– Tu viendrais au cinéma ?

– Peut-être. Pour voir quoi ?

– Je ne sais pas encore. Je t'appellerai. Tu es chez toi en fin de matinée ?

– D'accord, a dit ma mère. Je comptais t'emmener acheter un manteau, mais nous irons la semaine prochaine.

J'ai attendu qu'elle soit sortie de la cuisine pour esquisser, entre le frigo et la cuisinière, une petite danse de la joie. Ensuite, je me suis mise à attendre. En comptant qu'il m'appellerait à midi, il ne restait plus que seize heures à tirer.

Je me suis couchée tôt, espérant m'endormir vite. Peine perdue. Je suis restée allongée et fébrile, les yeux écarquillés dans le noir. J'ai pensé que seize heures faisaient neuf cent soixante minutes. J'ai pensé que c'était long, une minute, quand on attend qu'elle se termine. J'ai pensé que j'allais devenir folle, et qu'il était dommage de perdre la tête juste quand on est invitée au cinéma. J'ai pensé que demain n'arriverait jamais. Et puis je me suis endormie.

À mon réveil, il était dix heures. Dix heures et une minute. Dix heures et deux minutes. J'ai pris un bain, repassé ma chemise, et je me suis installée à côté du téléphone. Dix heures et trente-sept minutes. J'ai pris un livre, j'ai fait semblant de lire. Et si j'essayais de me vernir les ongles ? Non, je mettrais du vernis partout... Dix heures et trente-neuf minutes. On a sonné. J'ai sursauté. J'ai décroché le téléphone. Il n'y avait personne au bout du fil.

– Anne ! a crié maman. On a sonné ! Va ouvrir !

– Mais c'est que j'attends un coup de fil, ai-je maugréé en me levant du canapé.

Je suis allée à la porte. J'ai ouvert. C'était Neville.

Il était assis à un bout du canapé, j'étais installée à l'autre bout, et maman, frétillante, servait des rasades de jus d'orange.

– Mathématiques, physique, biologie, pérorait Neville. Mais je m'intéresse aussi au français et à l'histoire.
Maman l'interrogeait avec la grâce discrète d'un pachyderme, et il mettait à lui répondre une bonne volonté écœurante, déployant des trésors de veulerie. Elle gobait tout cela avec un plaisir éclatant, ses yeux miroitaient, et je savais au mot près ce qu'elle pensait : bon élève, bien élevé, poli, ouvert, sympathique...
– Et le plus amusant, a dit Neville en déposant avec soin son verre de jus d'orange sur la table basse, c'est que mon oncle habite au rez-de-chaussée de votre immeuble.
– Ah ? a demandé maman, ravie. Votre oncle est médecin ?
– Non, il est peintre.
– Peintre ? a répété maman, incrédule.
J'ai vu mille petits signaux lumineux se mettre à clignoter sous sa boîte crânienne.

Elle tentait de relier le piètre souvenir qu'elle avait gardé de Pierre et la bonne impression que lui faisait son neveu. Et elle avait du mal.
– Oui, a continué Neville sans se démonter. Il est même assez coté. Il a exposé à la Fiac toutes ces dernières années, et il prépare en ce moment une série sur les gisants...
– À la Fiac ? a gloussé ma mère.
Elle n'en revenait pas.
– Qu'est-ce que c'est, la Fiac ? ai-je murmuré.
Maman m'a balayée d'un revers de main, pauvre poussière ignorante que j'étais.
– La Foire internationale de l'art contemporain, bien sûr.
– Bien sûr, a renchéri Neville, et il s'est enfin tourné vers moi, battant des cils, un sourire angélique aux lèvres.
– Nous sommes passés dans son atelier au mois de septembre, a avoué maman, l'air un peu gêné. Mais nous n'avons pas eu l'occasion

de discuter très longtemps, Anne n'était pas très en forme. Tu t'en souviens, chérie ?

J'ai hoché la tête, atterrée.

– Je l'avais trouvé charmant. Modeste. Et, comment dire, très nature. Il ne s'abaisse pas pour impressionner le client. Qui pourrait croire, en entrant dans son atelier.

Neville a eu un petit rire suffisant.

– Il ne vit que pour sa peinture. Il faut être possédé par la passion pour se désintéresser du monde à ce point. C'est en tout cas ce que disent mes parents.

J'ai mis ma main sur mes yeux et j'ai poussé un petit gémissement. Si Neville ajoutait encore un ignoble cliché à tous ceux qu'il venait d'enfiler, j'allais mourir de honte.

C'est alors qu'il s'est penché vers ma mère et qu'il a soufflé, sur le ton de la confidence :

– Pierre est un artiste tourmenté, et c'est justement ce qui crée la force de son œuvre.

Là, j'aurais dû expirer. Mais non, j'ai survécu. Un miracle, probablement. Et j'ai entendu Neville proposer :
– D'ailleurs, il prépare une exposition. Je suis certain qu'il serait très heureux de vous inviter. J'y serai avec mes parents. Anne pourrait vous accompagner.
– Bien volontiers, a dit maman.
Elle exultait.

Nous marchions côte à côte dans le froid polaire.
– Je vais te tuer, ai-je annoncé à Neville.
– Pas sans jugement équitable. Et pour quel crime ?
– Tu m'as balancée.
– Pas du tout, je n'ai rien dit sur toi.
– Tu t'es moqué de ma mère.
– Ah non ! Je l'ai séduite, je l'ai bluffée et emballée, je l'ai réconciliée, et tu devrais me remercier au lieu de me menacer.

– Alors, merci, ai-je grommelé.
– De rien. Maintenant tu pourrais me donner une petite bise pour me prouver ta sincérité.
– Jamais de la vie, espèce de traître.
– Traître, moi ? Moi qui viens de démêler le sac d'embrouilles où tu t'étais fourrée, toi la menteuse ?
J'ai stoppé là la discussion. Nous sommes entrés au cinéma. Neville avait choisi *Rembrandt*. J'aurais préféré *Tarzan*. Mais quelle importance ? Je me fichais bien du film du moment que nous le regardions à deux.

Une foule d'invités bruyants se pressait contre la table qui nous servait de bar. Ils étaient plus nombreux à bavarder, un verre à la main, qu'à regarder les tableaux pendus autour d'eux. Je suppose que c'est cela, un vernissage réussi : des mondanités bien arrosées dans un endroit joliment décoré. Neville servait avec l'habileté

de quelqu'un qui a fait ça toute sa vie, j'avais du mal à suivre la demande.
– Tu ne viens plus jamais me voir, a remarqué Pierre.
Il s'était planté devant moi, il portait une chemise bleue fraîchement repassée, il était élégant et rasé de près.
– Et donne-moi du jus d'orange, s'il te plaît.
J'ai rempli un gobelet en plastique, que je lui ai tendu avec un sourire désolé.
– C'est à cause de Neville. Il n'arrête pas de bavarder. J'ai pensé que nous te dérangerions.
– Et alors ?
– Alors, nous allons travailler chez moi.
Pierre a souri avec l'air de celui auquel on ne raconte pas d'histoires.
– Vous êtes deux ingrats. Vous m'avez complètement laissé tomber.
– Pas complètement. Nous servons au bar, comme promis, et nous avons envoyé toutes

tes invitations. Regarde le monde que nous t'avons amené... Il y a même ma mère !

Pierre a tourné la tête :

– Où ça ?

– Là-bas, en grande conversation avec la mère de Neville.

– Formidable, a fait Pierre. Je vais aller saluer ma voisine. Je vais lui parler un peu de sa fille.

– Pas de gaffe, par pitié, ai-je lancé comme il s'éloignait, suivi de Zélie, étincelante, qui distribuait autour d'elle les sourires de bienvenue comme un évêque les bénédictions.

– Tu ne devrais pas lui faire confiance, m'a glissé Neville. Je le connais, il est pire que moi.

– Tant pis, ai-je répondu, fataliste. De toute façon, j'y suis, au vernissage. Je ne vois plus très bien ce qui peut m'arriver de grave.

Plus tard, bien plus tard dans la nuit, quand nous sommes sorties du restaurant où

Pierre nous avait conviées, quand nous avons eu fini de saluer l'assemblée de ses amis, quand nous nous sommes dirigées à pas pressés vers chez nous, maman m'a prise par le bras.

– C'est étrange, a-t-elle dit, comme nous pouvons nous tromper parfois. J'avais mal jugé Pierre. Je n'irai pas jusqu'à dire que j'adore ce qu'il peint. C'est un peu morbide pour mon goût. Mais enfin, je sais reconnaître la valeur de son travail, et son charme. Je suis contente d'avoir parlé avec lui. C'est un peu grâce à toi, ma chérie. À toi et à Neville. Et puis, c'est tellement gentil de sa part de t'avoir accueillie chez lui tous les soirs. Dans le fond, je n'aimais pas te savoir seule à l'appartement. Je voudrais les inviter à dîner un de ces soirs, lui et Zélie, pour les remercier. Qu'est-ce que tu en penses ?

– Que tu pourrais aussi inviter Neville.

Ma réponse a dessiné un halo de brume blanche dans la nuit. Contre le mien, le corps de ma mère me tenait chaud. Je me suis soudain sentie très heureuse et très fatiguée.

– Dépêchons-nous, a dit maman, il est bientôt minuit.

Faites le plein de lecture avec le magazine

JE BOUQUINE

Chaque mois, vous plongez dans un roman inédit, écrit par un auteur contemporain que vous aimez, et qui met en scène des adolescents d'aujourd'hui.

Chaque mois, vous découvrez une œuvre célèbre adaptée en bande dessinée et vous rencontrez son auteur pour tout savoir sur sa vie et sur son œuvre.

Chaque mois, vous trouvez les meilleurs livres, CD, films et jeux vidéo sélectionnés pour vous.

Tous les mois chez votre marchand de journaux ou par abonnement

Dans la même collection

Copie double
de Marie Desplechin

Samia la rebelle
de Paula Jacques

Un tueur à ma porte
d'Irina Drozd

La peur de ma vie
de Marie-Aude Murail

Ce n'est pas de ton âge !
de Brigitte Smadja

Moi, le zoulou
de Marie-Aude Murail

Le garçon qui se taisait
d'Irina Drozd

Maldonada
de Florence Reynaud

Devenez populaire en cinq leçons
de Marie-Aude Murail

Le défi de Serge T.
de Marie-Aude Murail

Écoute-moi !
de Régine Detambel

Mon grand petit frère
de Brigitte Peskine

Coup de foudre
de Laurence Gillot

Un cadeau d'enfer
de Hubert Ben Kemoun

Reste avec moi
de Christian de Montella

Je l'aime, un peu, beaucoup...
de Christian Grenier

Les confidences d'Ottilia
de Marie Desplechin

Rêves amers
de Maryse Condé

Le traîneau d'Oloona
de Florence Reynaud

La nuit de l'évasion
de René Frégni

La momie décapitée
de Michel Amelin

Garçon manqué
de Hortense Cortex

Le visiteur de l'an 2000
de Christian Grenier

Ma vie est une galère !
de Boris Sitruk

La fille d'en face
de Malika Ferdjoukh

Le roi du jazz
de Alain Gerber

Jeu dangereux
de Marie-Aude Murail

Les kilos en trop
de François Sautereau

La fugitive
de Christian de Montella

Mauvais garçon
de Thomas Leclere

Composé et mis en pages
par DV Arts Graphiques à Chartres,
cet ouvrage a été achevé d'imprimer
en avril 2003
par l'imprimerie Hérissey,
pour le compte de Bayard Éditions

Imprimé en France
Dépôt légal : avril 2003
N° d'impression : 94297